Mandie Davis

illustré par

Alain Blancbec

First published by Les Puces Ltd in 2019
ISBN 978-1-9164839-3-4
© 2019 Les Puces Ltd
www.lespuces.co.uk
Original artwork © 2019 Alain Blancbec and Les Puces Ltd

Egalement disponible chez Les Puces

Consultez notre boutique en ligne sur www.lespuces.co.uk

De quelle couleur est le ciel ?

Mandie Davis
&
Alain Blancbec

De quelle couleur est le ciel ?
Il est bleu ! Le ciel est bleu.

De quelle couleur est l'herbe ? Elle est verte ! L'herbe est verte.

De quelle couleur est le soleil ? Il est jaune ! Le soleil est jaune.

De quelle couleur est l'arbre ?
Il est rouge et marron ! L'arbre
est rouge et marron.

Qui habite dans l'arbre ?
Le petit oiseau habite
dans l'arbre.

De quelle couleur est le rocher ? Il est gris ! Le rocher est gris.

Regarde !

Il y a un ballon rose.

Qui est derrière le rocher ? C'est un petit garçon. Il s'appelle Pierre.

Pierre et l'oiseau sont amis. Qui est ton ami ?

L'oiseau vole au-dessus
du bois.

Qui vit dans le bois ?
Beaucoup d'animaux vivent
dans le bois.

La rivière s'écoule du
bois jusqu'à la mer.

Qu'y a-t-il de l'autre côté de l'eau ? Il y a plein de pays à explorer et de gens à rencontrer.

La nuit, on peut voir la lune et les étoiles. Le ciel est noir et les étoiles scintillent.

Les animaux du bois et les gens du monde entier voient la même lune et les mêmes étoiles.

Notre monde est merveilleux !

Our world is amazing!

The animals in the wood and the people around the world look at the same moon and stars.

At night, we can see the moon and stars. The sky is black and the stars sparkle.

What is on the other side of the water? There are lots of countries to explore and people to meet.

The river flows through the wood to the sea.

Who lives in the wood? Lots of animals live in the wood.

The bird flies over the wood.

Pierre and the bird are friends. Who is your friend?

Who is behind the rock? It's a little boy. His name is Pierre.

Look!

There is a pink ball.

What colour is the rock?
It's grey. The rock is grey.

Who lives in the tree? The little bird lives in the tree.

What colour is the tree? It's red and brown. The tree is red and brown.

What colour is the sun?
It's yellow. The sun is yellow.

What colour is the grass?
It's green. The grass is green.

What colour is the sky?
It's blue. The sky is blue.

What colour is the sky?

Mandie Davis
&
Alain Blancbec

Also available from Les Puces

Visit the shop on our website at www.lespuces.co.uk

 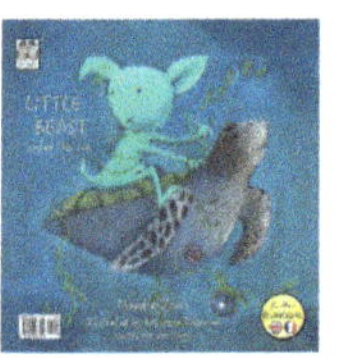  

Mandie Davis

illustrated by

Alain Blancbec

First published by Les Puces Ltd in 2019
ISBN 978-1-9164839-3-4
© 2019 Les Puces Ltd
www.lespuces.co.uk
Original artwork © 2019 Alain Blancbec and Les Puces Ltd

www.ingramcontent.com/pod-product-compliance
Lightning Source LLC
Chambersburg PA
CBHW041039050726
47599CB00018B/2015